AF356858

CATALOGUE

DES

OBJETS DE LA CHINE

ET DU JAPON

Bronzes, Laques, Ivoires, Porcelaines

Kakémonos

COMPOSANT LA

COLLECTION DE FEU M. V.

ET DONT LA VENTE AURA LIEU

HOTEL DROUOT, SALLE N 4

Les Mercredi 28 et Jeudi 29 Avril 1880

A DEUX HEURES

Par le ministère de **Me MACIET**, Commissaire-Priseur,
rue Saint-Honoré, 165,
Assisté de **M. GEORGE**, Expert, rue Laffitte, 12.

EXPOSITION PUBLIQUE

Le Mardi 27 Avril 1880, de une heure à cinq heures.

PARIS — 1880

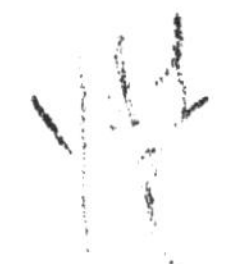

Vᵉ RENOU, MAULDE et COCK

IMPRIMEURS DE LA COMPAGNIE DES COMMISSAIRES-PRISEURS

Rue de Rivoli, 144.

CONDITIONS DE LA VENTE

Elle aura lieu au comptant.

Les Adjudicataires paieront CINQ CENTIMES PAR FRANC, en sus des enchères, applicables aux frais.

L'Exposition mettant le Public à même de se rendre compte de l'état des Objets, aucune réclamation ne sera admise une fois l'adjudication prononcée.

DÉSIGNATION

BRONZES

1 A — Coupe carrée (Vagues et Poissons).
2 A — Bouilloire en fer, incrustations argent.
3 A — Fusiama (Bronze).
4 A — Pot à tabac en bronze.
5 A — Un Crabe.
6 A — Assiette, dessins en relief.
7 A — Assiette, dessins en relief.
8 A — Brûle-Parfums à trépied.
9 A — Couvercle et Écueille en laque rouge.
10 A — Suspension bateau.
11 A — Encrier tortue.
12 A — Petit Coupe-Feuilles.
13 A — Confucius.
14 A — Langouste.
15 A — Buste de Temple.
16 A — Pot à thé en étain.
17 A — Pot à tabac ciselé et Cendrier.
18 A — Brûle-Parfums (Lion).
19 A — Théière en bronze incrusté d'argent.

20 A — Coupe en bronze.
21 A — Ecuelle et Couvercle (Lotus).
22 A — Coupe ciselée (Grues).
23 A — Coupe (Tête d'éléphant et Grues).
24 A — Théière, imitation sapin.
25 A — Tronc d'arbre.
26 A — Bourse en fer repoussé.
27 A — Théière en fer, à incrustations.
28 A — Coupe (Quatre têtes d'éléphant(.
29 A — Un Haki.
30 A — Caille.
31 A — Vase à encens.
32 A — Béten Sama (divinité).
33 A — Gros Poisson.
34 A — Bonhomme dans un Baquet.
35 A — Coquillage en bronze.
36 A — Feuilles de lotus et Escargots.
37 A — Sonnette japonaise.
38 A — Petit Pot à couvercle (Lotus).
39 A — Maison et Feuillage.
40 A — Petite Maison en bronze.
41 A — Bonze en prière.
42 A — Brûle-Parfums en argent.
43 A — Grand Vase, forme bourse.
44 A — Grand Vase carré.
45 A — Pot à tabac en bronze marbré.
46 A — Bronze doré.
47 A — Petit Sanglier en bronze,
48 A — Cinq petites Maisons.
49 A — Vase à bout dentelé, genre indien.
50 A — Saint Jean-Baptiste.

51 A — Homme portant un flambeau.
52 A — Rocher en bronze.
53 A — Divinité.
54 A — Vieux Vase en treillis.
55 A — Vieux Vase en bronze.
56 A — Petit Vase en marbre.
57 A — Homme poussant un radeau.
58 A — Cigale en bronze
59 A — Vase entouré de cordages.
60 A — Tortue niellée.
61 A — Porte-Pinceaux.
62 A — Crapaud en bronze.
63 A — Porte-Pinceaux en treillis.
64 A — Dragon-Presse-Papier.
65 A — Vase en bronze (Chameaux).
66 A — Guerrier japonais.
67 A — Porte-Pinceaux (Dragons).
68 A — Petit Sanglier.
69 A — Aiguière en bronze.
70 A — Chandelier (Nénuphar).
71 A — Une Sonnette de pèlerin.
72 A — Petit Pont.
73 A — Déesse siamoise.
74 A — Vase, forme panier.
75 A — Corbeille (Bambou).
76 A — Boite à thé.
77 A — Vase, forme élégante.
78 A — Vase, anses à têtes d'éléphants.
79 A — Grande Coupe.
80 A — Grande Coupe.
81 A — Jardinière lune, forme croissant.

82 A — Grosse Cloche.
83 A — Presse-Papier niellé.
84 A — Presse-Papier niellé.
85 A — Un petit Sabre.

LAQUES

1 B — Un grand Plateau lotus.
2 B — Un Plateau en bois gravé.
3 B — Un Porte-Sabre en bois.
4 B — Une Pendule japonaise.
5 B — Une Boîte carrée en laque.
6 B — Un Instrument de musique.
7 B — Un Coquillage laqué rouge.
8 B — Un Chapelet de bonze.
9 B — Un Manche de couteau bronzé.
10 B — Un Cornet en laque de Pékin.
11 B — Une petite Boîte en laque d'or.
12 B — Un OEuf d'autruche, laqué et gravé.
13 B — Un Encrier à personnages.
14 B — Une Boîte en laque.
15 B — Petite Boîte ronde en laque de Pékin.
16 B — Boîte en bois, incrustations en argent.
17 B — Un Sabot de cheval en laque.
18 B — Une Sébile, écaille blonde.
19 B — Une Chasse en laque d'or et Statuette
d'argent.

20 B — Une Porte-Sabre en bois sculpté et laque.

21 B — Trois petites Tables avec ustensiles, le tout en laque.

22 B — Un Encrier en bois naturel, laque et or.

23 B — Un Encrier en laque or (Éventail).

24 B — Un Encrier en bois dur, incrusté.

25 B — Un Plateau en bois dur.

26 B — Un Plateau en laque (Papillon).

27 B — Un Plateau en laque d'or, carré.

28 B — Un Plateau en laque noir, filet or.

29 B — Un Plateau en laque, filet or.

30 B — Un Jeu de trois soucoupes (Vieilles).

31 B — Hommes masqués.

32 B — Un Jeu de trois petites Soucoupes.

33 B — Un petit Plateau rond.

34 B — Une Soucoupe aux armes du Tai-Koun.

35 B — Un petit Cabinet en écaille.

36 B — Une petite Boîte à saki en laque.

37 B — Un OEuf de grue laqué.

38 B — Une grande Soucoupe rouge.

39 B — Une Boîte aux armes de Mikado.

40 B — Un Cabinet en laque garni argent.

41 B — Une Boîte en bois dur, trois tiroirs.

42 B — Un OEuf d'autruche laqué.

43 B — Une Soucoupe en laque rouge (Fleurons).

44 B — Une Soucoupe en laque or à l'intérieur.

45 B — Une Soucoupe (Poisson).

46 B — Une Soucoupe (Faucon).

47 B — Un Plat cloisonné argent.

48 B — Une grande Boîte en laque à gants.

49 B — Une grande Boîte en laque.

50 B — Une Boîte à gants.

51 B — Une Boîte à lettres en laque rose.

52 B — Un Arc et Carquois.

53 B — Un Tobaco (Lion).

54 B — Un cloisonné (Sabot de cheval).

55 B — Cinq petits Plateaux en bois dur laqué.

56 B — Cinq petits Plateaux en bois dur laqué.

57 B — Cinq petits Plateaux en bois dur laqué.

58 B — une Grue en argent.

59 B — Un Plateau en laque rouge (Aigle).

60 B — Un Plat cloisonné.

61 B — Un Tobaco (Lion) en bois sculpté.

62 B — Un Plateau rond en laque or.

63 B — Un Couteau japonais.

64 B — Un Porte-Cartes chinois.

65 B — Une Garde de Sabre en bronze.

66 B — Une Statuette en bambou.

67 B — Une Table en laque de Pékin.

68 B — Un Pot à thé en laque et or.

69 B — Un Pot à thé en bois sculpté.

70 B — Un Pot à thé en bois naturel.

71 B — Un Étui en bambou.

72 B — Un Étui en bambou.

73 B — Une Sébile.

74 B — Une Boîte à toilette, avec garnitures, le tout en laque.

75 B — Un Éléphant en bambou.

76 B — Un Plateau avec jeu et deux Boîtes à cartes.

77 B — Petite Étagère en laque d'or.
78 B — Une Boîte à cigares.
79 B — Une Cantine japonaise en laque.
80 B — Un Cornet en écaille.
81 B — Boîte à médecine.
82 B — Jeu japonais (Domino).
83 B — Une Vache en bois.
84 B — Un gros Étui à thé en bois de fer.
85 B — Une Boîte en laque noir.
86 B — Un Norimon.
87 B — Une Figurine en vieux laque.
88 B — Une Figurine en vieux laque.
89 B — Une Boîte en laque, trois compartiments.
90 B — Une Bonbonnière aux armes du Taikoun.
91 B — Une Bonbonnière en laque, forme boule.
92 B — Un Pot en laque, aux armes du Mikado.
93 B — Un Pot en laque, aux armes du Mikado.
94 B — Un Pot en laque or, aux armes du Mikado.
95 B — Une Boîte (Éventail).
96 B — Une Petite Boîte en laque.
97 B — Un petit Plat en laque.
98 B — Un petit Plat en laque.
99 B — Une petite Boîte ronde.
100 B — Un OEuf en laque.
101 B — Une petite Boîte en laque de Pékin.
102 B — Une petite Boîte en bois.
103 B — Un petit Plateau.
104 B — Un petit Plateau.
105 B — Une Boîte à médecine (Tortue).
106 B — Une Boîte en laque d'or (Personnages
incrustés).

107 B — Une Boîte en laque d'or et d'acier.
108 B — Une Boîte en laque d'or (Bouquet et Bambou).
109 B — Un grand Plateau en laque.
110 B — Un Tigre en bois.
111 B — Un Lion sculpté (Tête de diable).
112 B — Un Coquillage.
113 B — Un Masque (Tête de fille).
114 B — Un Coucou sortant de sa coquille.
115 B — Un Buffle en bois.
116 B — Un Masque (Tête de lion).
117 B — Un Homme qui se chauffe.
118 B — Un Casse-Tête chinois en ivoire.
119 B — Un Homme. Petite terre cuite.
120 B — Un Homme en bois, qui baille.
121 B — Une petite Femme en Satzuma.
122 B — Un Homme accroupi.
123 B — Un Coquillage en nacre.
124 B — Un Plateau en laque.
125 B — Un Masque en argile.
126 B — Un Plateau carré en laque.
127 B — Un petit Ménage japonais, composé de trente-trois Objets.
128 B — Un grand Plateau en laque.
129 B — Un petit Paravent, papier d'or.
130 B — Un OEuf de grue uni.

IVOIRES

1 C — Japonaise allant aux champs.
2 C — Un petit Guerrier.

3 C — Une Tête de mort.
4 C — Coq, Poule et Tonneau.
5 C — Une Boîte ronde en vieil ivoire.
6 C — Une petite Boîte en renfermant trois.
7 C — Une Boîte longue incrustée.
8 C — Une Boîte en ivoire en renfermant deux
en bronze.
9 C — Une Femme, tête ivoire, en laque.
10 C — Un Homme au marteau.
11 C — Un Singe aux puces.
12 C — Un OEuf, avec personnages.
13 C — Un Manche de brosse.
14 C — Un Groupe de cinq personnages.
15 C — Une Femme, tête en corail.
16 C — Une Femme accroupie et Panier.
17 C — Un Enfant accroupi.
18 C — Vieillard enfant (Tortue).
19 C — Homme enfant (Poisson).
20 C — Femme (Pilon).
21 C — Enfant et Chat sur un tonneau.
22 C — Enfants jouant dans un baquet.
23 C — Junon tenant femmes et colombes.
24 C — Une Coupe en ivoire.

KAKÉMONOS

1 D — Dieux et Prêtres.
2 D — Panier de fleurs.

3 D — Descente de Bouddha sur la terre. Peinture or.
4 D — Musiciens de la cour du Mikado.
5 D — Guerriers se concertant.
6 D — Bannière et Écussons japonais.
7 D — Dieu de la guerre.
8 D — Bouddha aux 3,000 éléphants.
9 D — Papillons.
10 D — Saints japonais, à longs ongles.
11 D — Trois Kakémonos représentant la vie d'une japonaise.
12 D — Un Daïmio.
13 D — Un Daïmio (paire).
14 D — Un Dragon.
15 D — Un Dragon (paire).
16 D — Benten Sama.
17 D — Fleurs.
18 D — Fleurs (paire).
19 D — Benten Sama.
20 D — Un rouleau de Costumes.
21 D — Vingt-six petites Peintures sur soie.
22 D — Un Album japonais, aux coins d'argent.
23 D — Un Album japonais en soie gris-vert.
24 D — Un Album japonais.
25 D — Quatre Cartes du Japon.
26 D — Trente Volumes japonais.

PORCELAINES

1 E — Un Lion, de Shirato.
2 E — Saladier Imari.

3 E — Plats chinois (trois dragons).
4 E — Vieux Plat Imari.
5 E — Plat, forme jonque.
6 E — Porte-Cigares Kutani.
7 E — Deux Vases en Kiotto.
8 E — Paniers en céladon.
9 E — Coquilles en nacre et ivoire.
10 E — Coquillages en marbre.
11 E — Porte-Fleurs en porcelaine grise.
12 E — Petits Vases bleus et blancs, avec pieds.
13 E — Petits Vases bleus et blancs.
14 E — Petits Vases, à longs cols, bleu et or.
15 E — Petits Vases gros bleu.
16 E — Bassin en porcelaine, modèle bambou.
17 E — Jardinière en vieil Imari.
18 E — Grand Cornet en Shirato.
19 E — Vase en Satzuma, anses vertes.
20 E — Service à thé, conil.
21 E — Bouteilles en porcelaine, fleurs et papillons.
22 E — Bouteilles, forme gourde.
23 E — Grand Plat en Imari.
24 E — Potiche à personnages.
25 E — Vase aubergine.
26 E — Schibaki laqué rouge et or.
27 E — Cornet gros bleu, fleurs en relief.
28 E — Cornet en porcelaine céladon, bambou.
29 E — Petit Cornet Shirato.
30 E — Petite Tasse Kutani.
31 E — Petit Vase Kango.
32 E — Porte-Pinceau en Chine.

33 E — Porte-Pinceau en Japon.
34 E — Plat-Coquille en Imari.
35 E — Coq blanc.
36 E — Poisson bleu.
37 E — Petit Pot, caractères en cuivre et ivoire.
38 E — Statuette en Satzuma (Homme).
39 E — Enfant portant un bateau.
40 E — Petite Coupe en Chine.
41 E — Figurine en bleu.
42 E — Statuette en Satzuma.
43 E — Petite Potiche en Imari.
44 E — Enfant au chien.
45 E — Aigle en Shirato.
46 E — Bambou céladon.
47 E — Petit Coq sur un bambou.
48 B — Porte-Pinceau en Chine.
49 E — Figurine de mendiant en terre cuite.
50 E — Statuette de Daïmio.
51 E — Bonze en méditation.
52 E — Poussah.
53 E — Homme au marteau et sac.
54 E — Dieu de la Longévité.
55 E — Homme lançant de la fumée.
56 E — Petit Écran gros bleu.
57 E — Petite Lanterne en porcelaine.
58 E — Saladier dentelé en Chine.
59 E — Cinq petites Tasses à thé.
60 E — Bonbonnière en porcelaine cloisonnée.
61 E — Porte-Cure-Dents en Kutani.
62 E — Dix Assiettes à dessert en Imari.
63 E — Petit Pot, très-ancien.

64 E — Petite Théière en argile grise.
65 E — Petite Théière bleue et blanche.
66 E — Petit Pot, couvercle à jour.
67 E — Neuf petites Assiettes en Imari.
68 E — Un Pot à riz en porcelaine.
69 E — Dix Assiettes marguerites, petites.
70 E — Chèvre Kutani.
71 E — Cinq Soucoupes.
72 E — Petit Pot à fleurs.
73 E — Deux Soucoupes gros bleu et or.
74 E — Une Boule en cristal de roche.
75 E — Petit Pot bleu, couvercle en laque.
76 E — Un Jeu de trois petits Bols clair de lune.
77 E — Un petit Bol.
78 E — Deux Tasses en porcelaine de la Chine.
79 E — Petit Plat jonque (Poissons rouges).
80 E — Une Sébile en vieille porcelaine.
81 E — Cinq Tasses à thé.
82 E — Un Rat sur un melon.
83 E — Cinq Bols Imari.
84 E — Bol et Couvercle en laque.
85 E — Bol craquelé et personnages.
86 E — Paire de Soucoupes carrées.
87 E — Dix petites Tasses Kutani (Person
nages).
88 E — Vieux Pot en Satzuma, étui en soie.
89 E — Un Pot de fleurs en Satzuma.
90 E — Une Boule en marbre.
91 E — Une petite Jonque avec personnage.
92 E — Boîte en porcelaine de la Chine, étui en
soie.

93 E — Singes en terre cuite.
94 E — Statuette avec socle.
95 E — Petite Tasse avec personnages.
96 E — Boîte avec couvercle en Chine.
97 E — Bonbonnière avec couvercle Imari.
98 E — Deux petites Tasses.
99 E — Cinq petites Assiettes.
100 E — Petit Vase à anses.
101 E — Tête de diable en porcelaine.
102 E — Brûle-Parfums Kutani.
103 E — Une Théière.
104 E — Bol en Satzuma.
105 E — Saladier Imari.
106 E — Porte-Cendres, pour cigares.
107 E — Trois Cendriers en porcelaine.
108 E — Assiettes Imari.
109 E — Boîte en porcelaine, forme nœud.
110 E — Potiche, avec son couvercle.
111 E — Bonbonnière bleue et blanche.
112 E — Cinq Assiettes, mauves et fleurs.
113 E — Bonbonnière aubergine.
114 E — Quatre jolies Jattes Imari.
115 E — Saladier à marguerite.
116 E — Branche de Kasie.
117 E — Quatre Glands pour Kakémonos.
118 E — Coupe carrée (Vide-Poche).
119 E — Dix Raviers.
120 E — Brûle-Parfums multicolore.
121 E — Brûle-Parfums Shirato et couvercle.
122 E — Deux Tasses chinoises en pierre de
lard.

123 E — Théière Shirato.
124 E — Une Bouteille à Saki.
125 E — Bol à riz très-fin.
126 E — Petite Assiette en porcelaine fine.
127 E — Une Sébile carrée, dragon rouge.
128 E — Plat, forme jonque.
129 E — Plat gros bleu et or (Poisson).
130 E — Porte-Cigares à jour.
131 E — Une Tasse.
132 E — Dix Assiettes bleues (Herbes) Imari.
133 E — Feuilles de lotus et crabe.
134 E — Huit Assiettes (Homards).
135 E — Un Bol, couvercle Imari.
136 E — Deux Tasses en Kiotto.
137 E — Petit Cendrier carré.
138 E — Bol-Damier, avec couvercle.
139 E — Tasse à paysage.
140 E — Saladier en porcelaine.
141 E — Assiette, fond rose.
142 E — Jatte carrée Kutani.
143 E — Assiette Imari.
144 E — Une Jatte octogone à jour.
145 E — Deux Potiches en Satzuma blanc.
146 E — Grand Plat, bleu papillon.
147 E — Grande Corbeille Imari.
148 E — Petite Corbeille, fond bleu.
149 E — Une Jatte Kongo.
150 E — Cinq Jattes en porcelaines bleues et
     blanches.
152 E — Saladier en céladon.
153 E — Plat du Japon.

154 E — Plat du Japon.

155 E — Plat rocaille.

156 E — Plat rocaille.

157 E — Plat rocaille.

158 E — Plat rocaille.

159 E — Plat octogone, rouge et or.

160 E — Quatorze Assiettes du Japon.

161 E — Plat carré, feuilles bambou à jour.

162 E — Vingt Assiettes, canards et pluie.

163 E — Jonque bleue.

164 E — Plat aux armes du Mikado.

165 E — Vide-Poche, gros bleu.

166 E — Grand Vase carré, gros bleu.

167 E — Grand Vase carré en céladon.

168 E — Plat et Paon.

169 E — Plat, tour bambou.

170 E — Plat carré.

171 E — Plat coquille, dessin bambou.

172 E — Vase en céladon, onze crevettes.

173 E — Grande Jonque, bleue et blanche.

174 E — Coq en céladon.

175 E — Une Tortue.

176 E — Théière de Kiotto.

177 E — Écran ardoise, sculpté.

178 E — Poule blanche.

Vᵉˢ Renou, Maulde et Cock, imprˢ de la Cⁱᵉ des Commissaires-Priseurs, rue de Rivoli 144.　　　6037